hen

höna

rooster

tupp

chick

kyckling

duckling

ankunge

turkey

kalkon

donkey

åsna

swan

svan

frog

groda

racoon

tvättbjörn

bear

björn

squirrel

ekorre

fly

fluga

ladybug

nyckelpiga

worm

mask

snail

snigel

slug

snigel

bee

bi

spider

spindel

beetle

skalbagge

dragonfly

trollslända

lion

lejon

zebra

zebra

giraffe

giraff

rhinoceros

noshörning

snake

orm

mosquito

mygga

sea turtle

havssköldpadda

hippopotamus

flodhäst

alligator

alligator

crocodile

krokodil

shark

haj

walrus

valross

penguin

pingvin

polar bear

isbjörn

seal

säl

starfish

sjöstjärna

jellyfish

manet

seashells

snäckor

feather

fjäder

11

eleven

elva

12

twelve

tolv

13

thirteen

tretton

14

fourteen

fjorton

15

fifteen

femton

16

sixteen

sexton

17

seventeen

sjutton

18

eighteen

arton

19

nineteen

nitton

20

twenty

tjugo

heart

hjärta

oval

oval

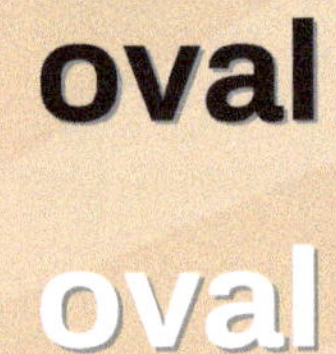

arrow

pil

crescent

halvmåne

curve

kurva

spiral

spiral

cross

kryss

zigzag

sicksack

rainbow

regnbåge

dark colors

mörka färger

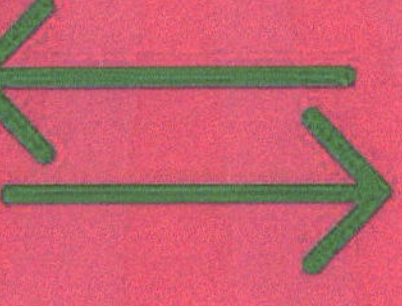

light colors

ljusa färger

dots
prickar

line
linje

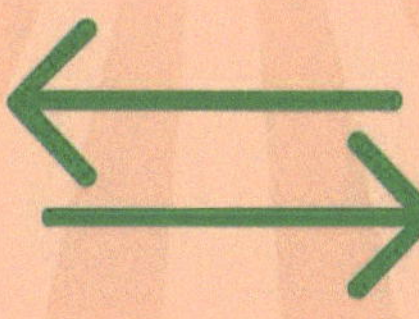

short
kort

tall
lång

 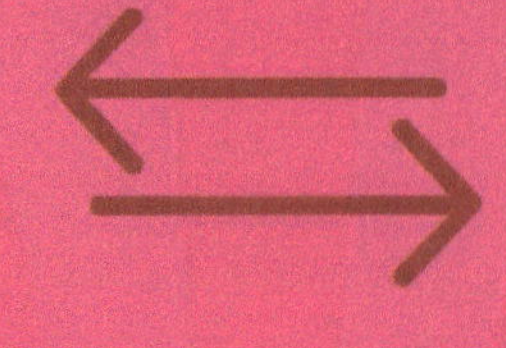 

a little

lite

a lot

mycket

full

full

empty

tom

curly hair

lockigt hår

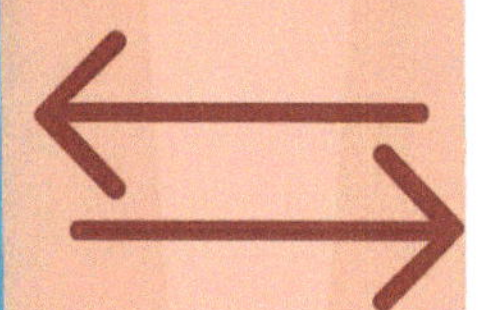

straight hair

rakt hår

accept

acceptera

refuse

vägra

identical

identisk

different

olika

dry

torr

wet

våt

toys

leksaker

blocks

klossar

ball

boll

robots

robotar

tongue

tunga

nose

näsa

hair

hår

moustache

mustasch

fingers

fingrar

arm

arm

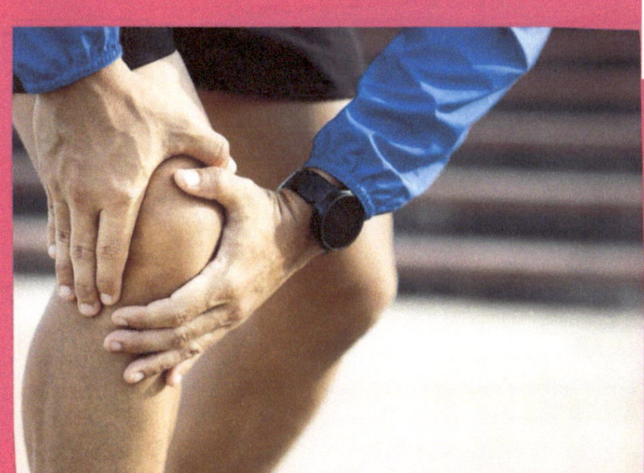

knee

knä

elbow

armbåge

smile

att le

kiss

kyss

cry

gråta

pain

smärta

body

kropp

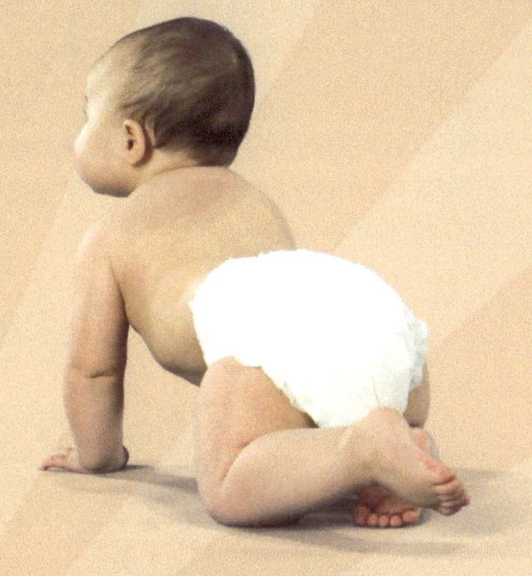

back

rygg

pacifier

napp

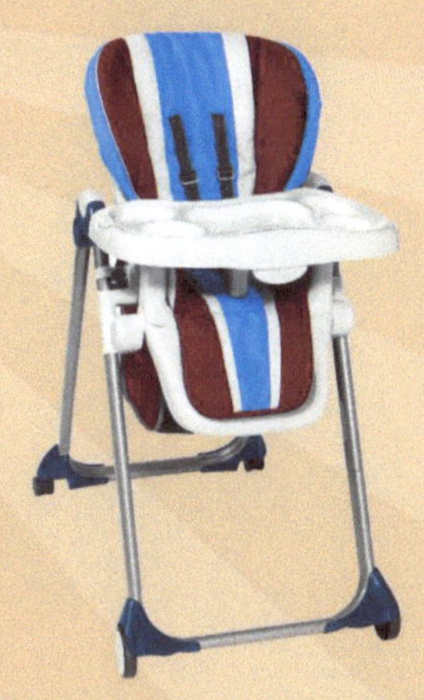

high chair

barnstol

soap

tvål

toothbrush

tandborste

towel

handduk

potty

potta

ring

ring

bracelet

armband

necklace

halsband

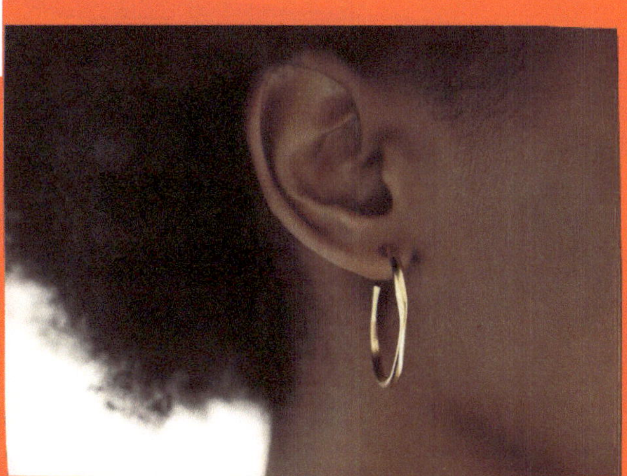

earring

örhänge

chocolate

choklad

popcorn

popcorn

jam

sylt

toast

rostat bröd

honey

honung

butter

smör

bread

bröd

ice cream

glass

semolina

mannagryn

rice

ris

pasta

pasta

soup

soppa

milk

mjölk

water

vatten

juice

juice

kiwi

kiwi

raspberry

hallon

grapefruit

grapefrukt

melon

melon

plum

plommon

apricot

aprikos

pomegranate

granatäpple

fig

fikon

blueberry

blåbär

cranberry

tranbär

persimmon

persimon

lychee

litchi

fruits

frukter

vegetables

grönsaker

avocado

avokado

green bean

grön böna

broccoli

broccoli

eggplant

äggplanta

peas

ärtor

bell pepper

paprika

beet

rödbeta

lettuce

sallad

endive

endiv

artichoke

kronärtskocka

leek

purjolök

onion

lök

garlic

vitlök

ginger

ingefära

walnuts

valnötter

almond

mandel

pistachio

pistagenöt

cashew

cashewnötter

9 782384 570157